국어 교과서 따라

예쁘고 바른 **글씨 쓰기**

초판 1쇄 발행 | 2017년 05월 25일
초판 4쇄 발행 | 2023년 08월 10일
편저자 | NH 기획
발행처 | 도서출판 새희망
발행인 | 이석형
등록번호 | 제2016-000004호
주소 | 경기도 의정부시 송현로 82번길 49
전화 | 02-923-6718 **팩스** | 02-923-6719
ISBN | 979-11-88069-01-9 63710

■ 정가는 뒤표지에 있습니다.

국어 교과서 따라

예쁘고 바른

글씨 쓰기

NH 기획 편저

새희망

어린이 여러분!

우리는 왜 글을 쓸까요? 어떤 생각을 누군가에게 전달하려는데 상대방이 없는 경우 글로 남겨 생각을 전달할 수 있기 때문입니다. 또는 불현듯 깨달은 생각을 잊지 않고 오래 기억하기 위해서입니다. 그런데 그 글의 모양이 알아볼 수 없다면 어떻게 될까요?

상대방은 글을 보아도 그 뜻이 무엇인지 알 수 없을 것이고 시간이 지난 후에 자신이 쓴 글을 보아도 내가 무슨 생각으로 이 글을 썼는지 알 수 없게 됩니다. 결국 글을 쓴 목적을 달성하지 못하고 맙니다.

이처럼 글씨를 바르게 쓴다는 것은 단지 멋있어 보이기 위해서가 아니라 글을 쓰는 목적을 올바로 달성하기 위한 것이기도 합니다. 또한 글자를 바른 자세로 정성 들여 쓰는 버릇을 들이다 보면 여러분의 몸도 바르게 자라고 집중력도 좋아지는 효과도 얻을 수 있습니다.

어린이 여러분!

예쁘고 바른 글씨 쓰기를 따라 차근차근 매일 조금씩 연습해 보아요! 얼마 지나지 않아 예쁘고 바르게 글씨를 쓰고 있는 자기 자신에 놀라게 될 거에요.

인터넷과 스마트 폰의 사용으로 글씨를 직접 쓰는 일이 점점 적어지고 있습니다. 그래서 어떤 사람들은 글씨를 예쁘고 바르게 쓰는 것이 필요 없는 시대가 올 것이라고 말하기도 합니다. 그러나 자동차가 있다고 우리가 걷지 않고 살 수 없듯이 컴퓨터가 있다고 글씨를 쓰지 않고 살 수 없습니다. 오히려 자동차의 시대에 올바른 걸음걸이가 더욱 강조 되듯이 컴퓨터의 시대에 예쁘고 바른 글씨의 중요성이 커지고 있습니다.

🔍 예쁘고 바른 글씨를 써야 하는 이유

예쁘고 바른 글씨를 쓰기 위해서는 반드시 바른 자세로 써야 합니다. 바른 자세는 몸이 곧게 자라는 데 도움이 됩니다. 예쁘고 바른 글씨를 쓰기 위해서는 반드시 정성을 들여야 합니다. 정성을 들인 글씨 쓰기는 집중력 향상에 큰 도움이 됩니다.

🔍 '예쁘고 바른 글씨 쓰기'의 특징

'예쁘고 바른 글씨 쓰기'에서는 국어 교과서에 나오는 글을 따라 쓰면서 연습하도록 하였습니다. 국어 교과서의 순서대로 장을 구성하여 학생들이 친숙한 문장으로 글씨를 연습할 수 있도록 하였습니다.

목차

00장

✏️ 00장

"시작하기 전에"

01 글씨를 쓰는 바른 자세

01 의자를 책상 쪽으로 당깁니다.

02 엉덩이를 의자 뒤쪽에 붙입니다.

03 허리를 곧게 폅니다.

04 고개는 약간 숙입니다.

05 공책을 똑바로 놓습니다.

06 글씨를 쓰지 않는 손으로 공책을 살짝 눌러 줍니다.

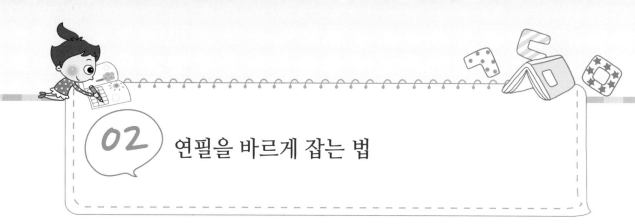

02 연필을 바르게 잡는 법

01 중지로 연필을 받쳐 주고 엄지와 검지를 모아서 연필을 쥡니다.

02 엄지와 검지는 동그라미 모양이 되도록 합니다.

03 동그라미가 되기 위해서는 엄지와 검지의 끝에만 힘을 살짝 주면 됩니다.

04 연필 심에서 3cm 정도 떨어진 위치를 잡습니다.

05 60도 각도를 유지합니다.

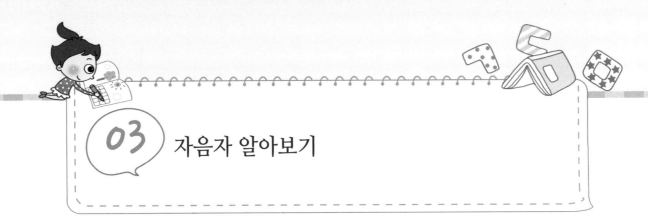

03 자음자 알아보기

 바른 자세로 앉아 글씨를 써 볼까요?

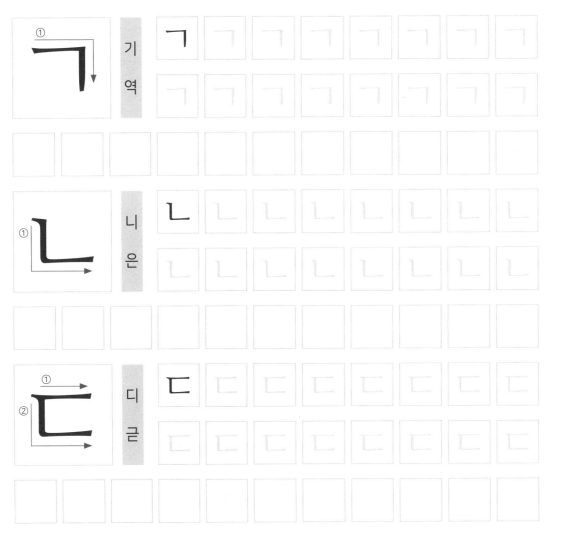

	리 을	ㄹ	ㄹ	ㄹ	ㄹ	ㄹ	ㄹ	ㄹ	ㄹ
			ㄹ	ㄹ	ㄹ	ㄹ	ㄹ	ㄹ	ㄹ

	미 음	ㅁ	ㅁ	ㅁ	ㅁ	ㅁ	ㅁ	ㅁ	ㅁ
			ㅁ	ㅁ	ㅁ	ㅁ	ㅁ	ㅁ	ㅁ

	비 읍	ㅂ	ㅂ	ㅂ	ㅂ	ㅂ	ㅂ	ㅂ	ㅂ
			ㅂ	ㅂ	ㅂ	ㅂ	ㅂ	ㅂ	ㅂ

	시 옷	ㅅ	ㅅ	ㅅ	ㅅ	ㅅ	ㅅ	ㅅ	ㅅ
			ㅅ	ㅅ	ㅅ	ㅅ	ㅅ	ㅅ	ㅅ

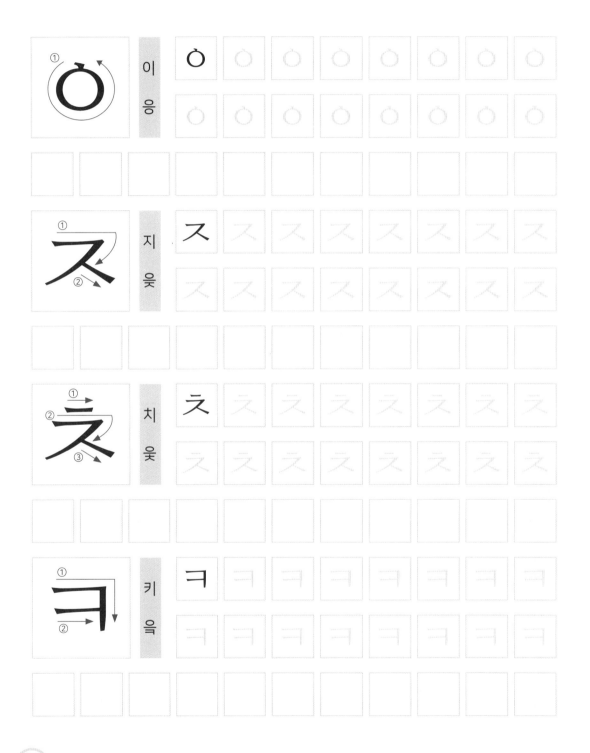

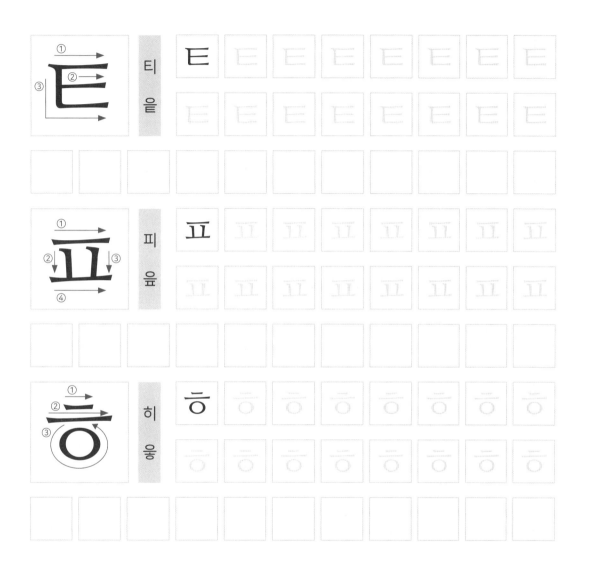

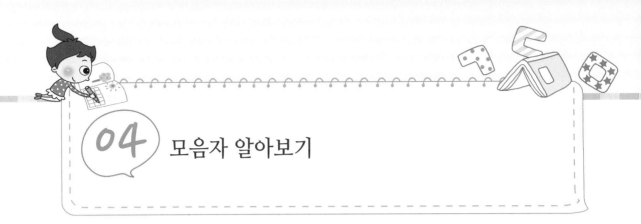

04 모음자 알아보기

 바른 자세로 앉아 글씨를 써 볼까요?

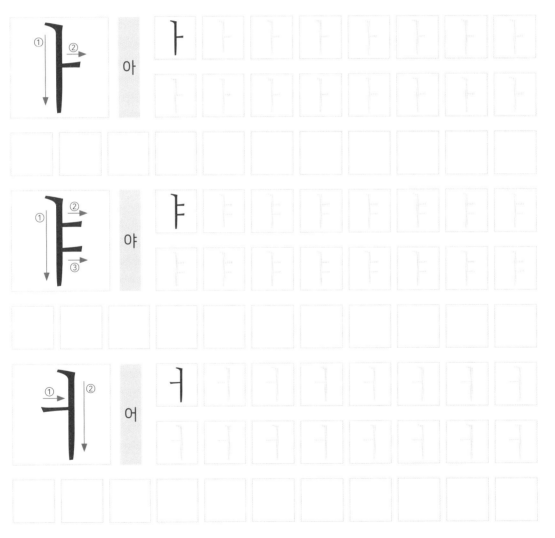

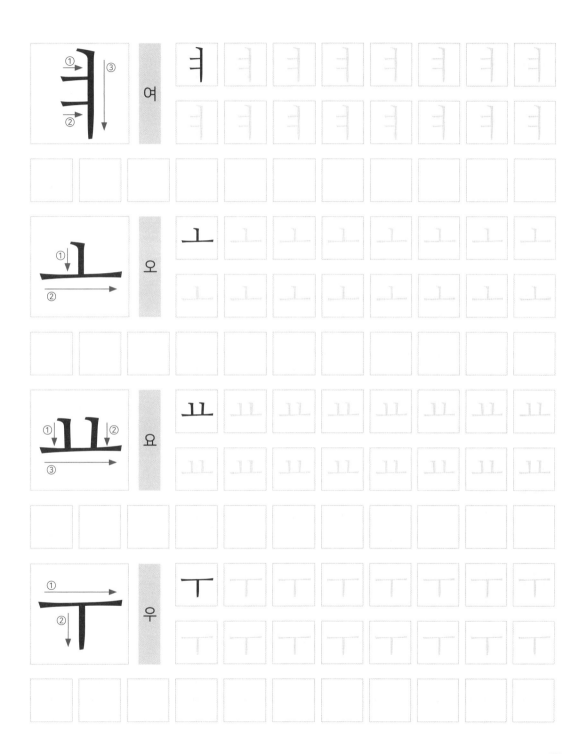

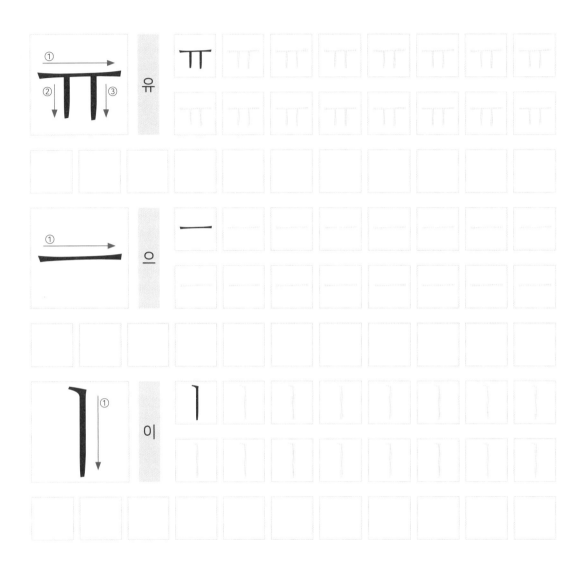

 한글을 쓰는 순서

 자음을 먼저 쓴 후 모음을 쓰고 그 다음 받침을 씁니다.

학 = ㅎ ▸ 하 ▸ 학

 왼쪽을 먼저 쓴 후 오른쪽을 씁니다.

까 = ㄱ ▸ ㄲ ▸ 까

흙 = ㅎ ▸ 흐 ▸ 흘 ▸ 흙

애 = ㅇ ▸ 아 ▸ 애

06 한글의 기본 모양

 한글의 기본 모양은 아래와 같이 ◁, △, ◇ 등이 있습니다.

1. ◁ 형태

2. △ 형태

3. ◇ 형태

이장

✎ 01장

"시를 즐겨요"

부뚜막

가릉가릉

째앵째앵

바람

아저씨

풀밭

발끝

꾸벅꾸벅

콧속

치맛자락

장 독

딱 지

조 마 조 마

홀 딱

떡 볶 이

달 콤

매 콤

콧 잔 등

송 골 송 골

벌 써

아래　발치에서　코올코올ˇ

나뭇가지에서　소올소올

하늘　한가운데서　째앵째

앵. 뒤꿈치로 걸어도 풀

앵. 뒤꿈치로 걸어도 풀

꽃에게 미안해. 발바닥이 ˅

꽃에게 미안해. 발바닥이 ˅

간질간질할 것 같아요.

간질간질할 것 같아요.

생쥐처럼 살금살금 양말

을 벗겨 드렸다. 베개를∨

반쳐 드린 일이 생각나.

꼭꼭 숨어라 머리카락

보일라 옷자락이 보일라.

점점 입이 다물어진다.

눈물이 먼저 쏙 빠진다.

눈물이 먼저 쏙 빠진다.

눈물이 먼저 쏙 빠진다.

가슴이 조마조마한다.

가슴이 조마조마한다.

가슴이 조마조마한다.

호호거리며 먹고 싶어.

호호거리며 먹고 싶어.

호호거리며 먹고 싶어.

02장

✏️ 02장

"자신 있게 말해요"

발 표

쿵 쾅 쿵 쾅

화 끈 화 끈

수 의 사

또 박 또 박

쓰레기 　쓰레기 　쓰레기
쓰레기 　쓰레기 　쓰레기

조용히 　조용히 　조용히
조용히 　조용히 　조용히

여행 　여행 　여행 　여행
여행 　여행 　여행 　여행

놀이공원 　놀이공원
놀이공원 　놀이공원

소방관 　소방관 　소방관
소방관 　소방관 　소방관

찻 길

쌩 쌩

훌 쩍

눈 초 리

훨 훨

머릿속은　눈사람처럼　새

하얘졌어요.　더듬더듬　발

표를　끝내　버렸어요.

제가　좋아하는　색은　파

란색입니다.　어떤　내용을∨

대답할지　미리　정리합니

다. 알맞은 크기의 목소

리로 분명하게 말합니다.

자신의 생각을 말합니다.

저는　쓰레기를　주웠더니 ∨

마음도　깨끗해졌습니다.

넓은　바다는　어때요?

밖으로 나가는 길이 끊

겨 버렸어요. 동물들은

모두 걱정이 커졌어요.

헤어진　가족을　만나고

싶어.　종달새가　머리를

휘휘　저으며　말했어요.

03장

✏️ 03장

"마음을 나누어요"

간 지 럼

월 요 일

질 투

칭 찬

빨 강

초 록

토 실 토 실

형 제

씽 긋

맞 장 구

보송보송

놀이터

잠깐

기쁨

뉘우침

아이스크림을 땅에 떨어

뜨렸을 때 실망했어요.

선생님이 다시 물었어요.

　"내가　길을　잃어버렸

을　때처럼　말이야."

동생이　울어서　슬퍼요.

별로 관심이 없나 봐요.

하루 종일 매달려 있느

라 힘들진 않았니?

이런저런 얘기를 하니까ⱽ

신기하게도 기분이 조금ⱽ

풀리는 것 같아요.

어렸을 때 웃던 얼굴이 ∨

생각나서 말이야. 숨이

가쁜 것 같기도 하고요.

포근함은 보드랍고 따듯

해서 편안한 기분이야.

밤을 새울 수도 있지.

04장

"말놀이를 해요"

참기름　참기름　참기름

참기름　참기름　참기름

미나리　미나리　미나리

미나리　미나리　미나리

달래　달래　달래　달래

달래　달래　달래　달래

질경이　질경이　질경이

질경이　질경이　질경이

건물　건물　건물　건물

건물　건물　건물　건물

미끄럼틀　　미끄럼틀

미끄럼틀　　미끄럼틀

빗자루　　빗자루　　빗자루

빗자루　　빗자루　　빗자루

밥상　　밥상　　밥상　　밥상

밥상　　밥상　　밥상　　밥상

숟가락　　숟가락　　숟가락

숟가락　　숟가락　　숟가락

젓가락　　젓가락　　젓가락

젓가락　　젓가락　　젓가락

우 체 통

나 뭇 잎

동 물 원

얼 룩 말

꽃 밭

콩떡　　콩떡　　콩떡　　콩떡

콩떡　　콩떡　　콩떡　　콩떡

팥　　팥　　팥　　팥　　팥　　팥

팥　　팥　　팥　　팥　　팥　　팥

시루떡　　시루떡　　시루떡

시루떡　　시루떡　　시루떡

안개꽃　　안개꽃　　안개꽃

안개꽃　　안개꽃　　안개꽃

국화　　국화　　국화　　국화

국화　　국화　　국화　　국화

높다 높다 하늘이 높다.

좁다 좁다 책상이 좁다.

깊다 깊다 바다가 깊다.

재미있게 말 덧붙이기

재미있게 말 덧붙이기

재미있게 말 덧붙이기

놀이를 해 봅시다. 동물

놀이를 해 봅시다. 동물

놀이를 해 봅시다. 동물

원에 가면 사자도 있고.

원에 가면 사자도 있고.

원에 가면 사자도 있고.

동그라미는　뭐니?　이를∨

닭고　난　뒤에　볼가심을∨

하고　있다. 마중물이　있

어야 물이 잘 올라온다.

밤하늘에 보이는 미리내

는 정말 아름답다.

봉사활동을 하는 데 으
봉사활동을 하는 데 으
봉사활동을 하는 데 으

뜸이다. 놀더라도 해거름∨
뜸이다. 놀더라도 해거름∨
뜸이다. 놀더라도 해거름∨

안에는 집에 와야 한다.
안에는 집에 와야 한다.
안에는 집에 와야 한다.

05장

"낱말을 바르고 정확하게 써요"

거름

걸음

이따가

있다가

늘이다

느리다　느리다　느리다
느리다　느리다　느리다

맞히다　맞히다　맞히다
맞히다　맞히다　맞히다

마치다　마치다　마치다
마치다　마치다　마치다

가치　가치　가치　가치
가치　가치　가치　가치

같이　같이　같이　같이
같이　같이　같이　같이

깁다 　깁다　　깁다　　깁다
깁다　　깁다　　깁다　　깁다

깊다 　깊다　　깊다　　깊다
깊다　　깊다　　깊다　　깊다

같다 　같다　　같다　　같다
같다　　같다　　같다　　같다

잤다 　잤다　　잤다　　잤다
잤다　　잤다　　잤다　　잤다

붙이다 　붙이다　　붙이다
붙이다　　붙이다　　붙이다

책이　반듯이　꽂혀　있습

책이　반듯이　꽂혀　있습

책이　반듯이　꽂혀　있습

니다.　뜨거운　국은　식혀

니다.　뜨거운　국은　식혀

니다.　뜨거운　국은　식혀

서　먹어야　합니다.

서　먹어야　합니다.

서　먹어야　합니다.

엿가락을 길게 늘이다.

구멍 난 장갑을 깁다.

오누이는 다치지 않고

하늘로 　 올라갔어요. 책을 ∨

하늘로 　 올라갔어요. 책을 ∨

하늘로 　 올라갔어요. 책을 ∨

실감 　 나게 　 잘 　 읽을 　 수 ∨

실감 　 나게 　 잘 　 읽을 　 수 ∨

실감 　 나게 　 잘 　 읽을 　 수 ∨

있도록 　 노력해야겠다.

있도록 　 노력해야겠다.

있도록 　 노력해야겠다.

비가　와서　우산을　받칩

비가　와서　우산을　받칩

비가　와서　우산을　받칩

니다.　고마워.　나도　너에

니다.　고마워.　나도　너에

니다.　고마워.　나도　너에

게　좋은　친구가　되고

게　좋은　친구가　되고

게　좋은　친구가　되고

싶어. 맛있는 급식을 준

싶어. 맛있는 급식을 준

싶어. 맛있는 급식을 준

비해 주셔서 감사합니다.

비해 주셔서 감사합니다.

비해 주셔서 감사합니다.

잘 이해하지 못했어.

잘 이해하지 못했어.

잘 이해하지 못했어.

할머니 댁에 가지 못해

서 너무 아쉬웠어요.

꼭 시골에 놀러 갈게요.

06장

✏️ 06장

"차례대로 말해요"

궁전
마차
등잔불
기름
아침

저녁

펄쩍펄쩍

고개

이튿날

캄캄한

까만

앞부분

차례

시간

바른

궁전 밖으로 급하게 뛰

기 시작했어요. 호랑이는 ⌵

소금 장수를 삼켰습니다.

어스름한 저녁에 호랑이

가 기름 장수도 삼켰어.

아기 양은 양치기 할아

버지를　찾아갔어요.　오전∨

11시에　오빠와　함께　여

러　가지　식물을　보았다.

점심시간에　가족과　함께∨

점심을　먹었다. 저녁에

어머니께　칭찬을　들었다.

07장

✎ 07장

"친구들에게 알려요"

박물관　　박물관　　박물관

박물관　　박물관　　박물관

연필깎이　　연필깎이

연필깎이　　연필깎이

상황　　상황　　상황

상황　　상황　　상황　　상황

등굣길　　등굣길　　등굣길

등굣길　　등굣길　　등굣길

옛날　　옛날　　옛날

옛날　　옛날　　옛날　　옛날

텔레비전　텔레비전
텔레비전　텔레비전

볼록　볼록　볼록　볼록
볼록　볼록　볼록　볼록

네모　네모　네모
네모　네모　네모　네모

까닭　까닭　까닭　까닭
까닭　까닭　까닭　까닭

제목　제목　제목　제목
제목　제목　제목　제목

통나무

고깃덩이

풍덩

졸음

빨대

옛날 집 안에 있는 물

건을 같이 살펴볼까요?

빨간 선이 있습니다.

듣고　싶은　방송을　들을∨

듣고　싶은　방송을　들을∨

듣고　싶은　방송을　들을

수　있습니다.　옛날　전화

수　있습니다.　옛날　전화

수　있습니다.　옛날　전화

기는　위쪽이　좁은　과자∨

기는　위쪽이　좁은　과자∨

기는　위쪽이　좁은　과자∨

상자　모양이고　까만색입

니다.　머리를　보호하거나␣

멋을　내는　데　쓰입니다.

사람들이　공원을　깨끗하

게　이용할　수　있도록

쓰레기를　모읍니다.

집으로　가는　길에　떨어

진　고깃덩이를　보았어요.

개는　강가에　다다랐어요.

목이 긴 기린을 한참

올려다보니 내 목도 길

어지는 것 같았다.

08장

 08장

"마음을 짐작해요"

결 승 점　결 승 점　결 승 점

결 승 점　결 승 점　결 승 점

텃 밭　텃 밭　텃 밭　텃 밭

텃 밭　텃 밭　텃 밭　텃 밭

옹 기 종 기　옹 기 종 기

옹 기 종 기　옹 기 종 기

성 큼 성 큼　성 큼 성 큼

성 큼 성 큼　성 큼 성 큼

계 속　계 속　계 속　계 속

계 속　계 속　계 속　계 속

출발

페달

손뼉

물방울

지킴이

양치질　　양치질　　양치질
양치질　　양치질　　양치질

샤워　　샤워　　샤워　　샤워
샤워　　샤워　　샤워　　샤워

비누칠　　비누칠　　비누칠
비누칠　　비누칠　　비누칠

물놀이　　물놀이　　물놀이
물놀이　　물놀이　　물놀이

체험　　체험　　체험　　체험
체험　　체험　　체험　　체험

그만 신발이 벗겨지고

말았다. 친구들이 화장실

에 가서 나도 따라갔다.

학교 뒤뜰에 있는 텃밭

에 갔다. 발에 밟히는

걸 보니 속이 상했다.

옆에서　조금씩　거들었다.

어머니께서　멀리　떨어져

서　달려오고　계셨다.

하늘로 붕 떠오르는 기

분이었다. 참 뿌듯했다.

귀 기울여 들어 보세요.

욕조에서 물놀이하지 않

기로 약속했어요. 물을

재활용하는 거예요.

아껴 쓰는 어린이가 되

어야겠어요. 새로운 친구

를 많이 사귀었습니다.

09장

"생각을 생생하게 나타내요"

장화

빗방울

주룩주룩

후드득

거북선

둥실둥실　　둥실둥실
둥실둥실　　둥실둥실

첨벙첨벙　　첨벙첨벙
첨벙첨벙　　첨벙첨벙

멋쟁이　멋쟁이　멋쟁이
멋쟁이　멋쟁이　멋쟁이

수컷　수컷　수컷　수컷
수컷　수컷　수컷　수컷

나뭇진　나뭇진　나뭇진
나뭇진　나뭇진　나뭇진

껍데기

깜깜한

환자

별명

오솔길

국수에서 김이 모락모락ⅴ

피어납니다. 귀여운 개구

리가 폴짝폴짝 뜁니다.

수컷 사슴벌레에 대해

수컷 사슴벌레에 대해

수컷 사슴벌레에 대해

같이 알아보아요. 단단한 ∨

같이 알아보아요. 단단한 ∨

같이 알아보아요. 단단한 ∨

껍데기 속에는 얇은 속

껍데기 속에는 얇은 속

껍데기 속에는 얇은 속

날개가　있지요.　나뭇진을 ∨
날개가　있지요.　나뭇진을 ∨
날개가　있지요.　나뭇진을 ∨

핥아　먹어요.　큰턱을　맞
핥아　먹어요.　큰턱을　맞
핥아　먹어요.　큰턱을　맞

대고　상대를　밀어붙여요.
대고　상대를　밀어붙여요.
대고　상대를　밀어붙여요.

아주아주 커다랗고 따뜻

해요. 몰래 침대를 빠져

나와 병원 안을 돌아다

녀요. 세상에, 월급 받은ⱽ

걸 통째로 준 거였대요.

이렇게 다녀도 괜찮니?

아 파 도　치 료 를　받 지　못

하 는　사 람 이　많 거 든 . 나

는　그 때　마 음 먹 었 어 요 .

 10장

"다른 사람을 생각해요"

늦잠

눈살

낮

술래잡기

줄넘기

방법

활동

무릎

천천히

천　냥　빚

속담　속담　속담　속담
속담　속담　속담　속담

특별한　특별한　특별한
특별한　특별한　특별한

불쑥　불쑥　불쑥　불쑥
불쑥　불쑥　불쑥　불쑥

고깔　고깔　고깔　고깔
고깔　고깔　고깔　고깔

흙　흙　흙　흙　흙　흙
흙　흙　흙　흙　흙　흙

사람들이 눈살을 찌푸리
사람들이 눈살을 찌푸리
사람들이 눈살을 찌푸리

잖니? 네 덕분에 식물
잖니? 네 덕분에 식물
잖니? 네 덕분에 식물

이 잘 자랄 수 있어.
이 잘 자랄 수 있어.
이 잘 자랄 수 있어.

기분이 안 좋아 보여.

어디 아프니? 여기에

쓰레기를 버리면 어떡해?

사람의 기분을 좋게 해[∨]

주는 특별한 말이 있어.

부탁해요. 실례합니다.

다른　사람의　마음을　상

하게　하니까　쓰면　안

돼.　인사하는　것도　멋져.

나쁜 말 대신 고운 말
나쁜 말 대신 고운 말
나쁜 말 대신 고운 말

만 쓰도록 노력해 봐.
만 쓰도록 노력해 봐.
만 쓰도록 노력해 봐.

걸려 넘어지고 말았다.
걸려 넘어지고 말았다.
걸려 넘어지고 말았다.

옷에는 흙이 묻어 있었

다. 먼저 사과하기를 잘

했다는 생각이 들었다.

11장

"상상의 날개를 펴요"

괭이　괭이　괭이　괭이

괭이　괭이　괭이　괭이

털레털레　털레털레

털레털레　털레털레

까치발　까치발　까치발

까치발　까치발　까치발

욕심쟁이　욕심쟁이

욕심쟁이　욕심쟁이

배탈　배탈　배탈　배탈

배탈　배탈　배탈　배탈

왁 자 지 껄 　 왁 자 지 껄
왁 자 지 껄 　 왁 자 지 껄

얼 떨 결 　 얼 떨 결 　 얼 떨 결
얼 떨 결 　 얼 떨 결 　 얼 떨 결

새 벽 　 새 벽 　 새 벽 　 새 벽
새 벽 　 새 벽 　 새 벽 　 새 벽

빙 그 레 　 빙 그 레 　 빙 그 레
빙 그 레 　 빙 그 레 　 빙 그 레

꼭 지 　 꼭 지 　 꼭 지 　 꼭 지
꼭 지 　 꼭 지 　 꼭 지 　 꼭 지

손 수 레

흉 년

햇 빛

계 획

비 틀 비 틀

높이높이 쌓아야 할 정

도가 되었습니다.

창문을 쾅 닫았습니다.

아이의 갑작스러운 말에ˇ

아저씨는 당황했습니다.

눈물이 그렁그렁했습니다.

아저씨는 멍하니 아이의ˇ

뒷모습을 바라보았습니다.

딸기처럼 빨개졌습니다.

빈손으로 돌아오기 일쑤

였습니다. 마을을 옮겨

가야 할 것 같았습니다.

어깨를 으쓱댔습니다.

어깨를 으쓱댔습니다.

어깨를 으쓱댔습니다.

삽시간에 술렁거렸습니다.

삽시간에 술렁거렸습니다.

삽시간에 술렁거렸습니다.

그 뒤를 따랐습니다.

그 뒤를 따랐습니다.

그 뒤를 따랐습니다.

구멍을 솜뭉치로 막았어

요. 부인은 새 이를 힘

겹게 들고 올라왔어요.